Linda MUDERHWA

Le mystère de la tour de Babel

Linda MUDERHWA

Le mystère de la tour de Babel

Le Néo-babélien

Éditions Croix du Salut

Imprint

Cover image: www.ingimage.com

Publisher:
Éditions Croix du Salut
is a trademark of
Dodo Books Indian Ocean Ltd. and OmniScriptum S.R.L publishing group

120 High Road, East Finchley, London, N2 9ED, United Kingdom
Str. Armeneasca 28/1, office 1, Chisinau MD-2012, Republic of Moldova, Europe
Printed at: see last page
ISBN: 978-620-6-16825-6

LE MYSTERE
DE LA TOUR
DE BABELE
- N E O B A B E L I E N -

Résumé

Ce petit manuel porte sur la spiritualité, et jette un pont entre ce qui fut et ce qui est !

La transformation du mal que les homes ne veulent pas abandonner.

Dans leur malignité, il change le concept du mal qui jadis a conduit à la destruction afin d'entrainer une multitude de ceux qui volontairement veulent demeurer dans le sommeil spirituel.

Toute évolution doit vibrer dans la volonté de Dieu et si vous penser être évolué en vous écartant de la volonté du créateur vous vous conduisez inéluctablement à votre pertes, ainsi frère et sœur soyons vigilant avec des nouvelles pratiques et croyances.

Ce manuel est entièrement consacré à l'interprétation d'un verset biblique tiré dans Genèse 11 : 1-9. Parlant de la tour de Babel.

Hâtez-vous à découvrir dans les lignes qui suivent le mystère qui entoure ce passage Bible longtemps pris à la légère mais renfermant de secret, une fois révélés épargnera l'humanité du pur dans l'avenir car la répercussion du babélisme se vit actuellement et prend beaucoup d'ampleur.

Dit-on : « On évite le mal que lors qu'on le connait »

La connaissance est notre salut !!!

La tour de Babel qu'est-ce que c'est ?

Cette tour s'explique dans la sainte Bible :

« Genèse, 11:1 - Toute la terre avait une seule langue et les mêmes mots.

Genèse, 11:2 - Comme ils étaient partis de l`orient, ils trouvèrent une plaine au pays de Schinear, et ils y habitèrent.

Genèse, 11:3 - Ils se dirent l`un à l`autre: Allons! faisons des briques, et cuisons-les au feu. Et la brique leur servit de pierre, et le bitume leur servit de ciment.

Genèse, 11:4 - Ils dirent encore: Allons! bâtissons-nous une ville et une tour dont le sommet touche au ciel, et faisons-nous un nom, afin que nous ne soyons pas dispersés sur la face de toute la terre.

Genèse, 11:5 - L`Éternel descendit pour voir la ville et la tour que bâtissaient les fils des hommes.

Genèse, 11:6 - Et l`Éternel dit: Voici, ils forment un seul peuple et ont tous une même langue, et c`est là ce qu`ils ont entrepris; maintenant rien ne les empêcherait de faire tout ce qu`ils auraient projeté.

Genèse, 11:7 - Allons! descendons, et là confondons leur langage, afin qu`ils n`entendent plus la langue, les uns des autres.

Genèse, 11:8 - Et l`Éternel les dispersa loin de là sur la face de toute la terre; et ils cessèrent de bâtir la ville.

Genèse, 11:9 - C`est pourquoi on l`appela du nom de Babel, car c`est là que l`Éternel confondit le langage de toute la terre, et c`est de là que l`Éternel les dispersa sur la face de toute la terre »[1].

---

[1] Sainte Bible, *Version LOUIS SECOND (Docteur en théologie), édition revue avec références*, Alliance Biblique Universelle.

Quelle et la volonté de Dieu sur l'occupation de la terre ?

- La bible nous renseigne dans Genèse 1 :28 – Dieu les bénit, et Dieu leur Dit : Soyez féconds, multipliez, remplissez la terre, et l'assujettissez, et dominez sur les poissons de la mer, sur les oiseaux du ciel, et sur tout animal qui se meut sur terre.

Vous est-il déjà arrivé de vous interroger sur ces passages bibliques ? Peut-être oui ou peut-être non !!

Depuis si longtemps ce passage (Gen. 11 :1-9) était considéré comme un simple récit, relatant pour les analystes l'orgueil humain face à leur créateur d'où l'humilité est la plus grande leçon dont nous y tirons.

Veuillez nous accorder un peu de votre attention afin de comprendre ce dont ce présent livre nous accorde l'opportunité de découvrir.

1. Les humains se concertèrent les uns les autres et delà se décidèrent de bâtir une tour.

2. L'objectif de cette tour était en premier lieu d'atteindre Dieu et en second lieu d'éviter de se disperser aux quatre coins de la terre.

Ce passage biblique nous renseigne que cela fut possible grâce aux potentiels qu'ils détenaient parmi lesquels :

- Langue commune impliquant les mêmes origines voir également une même culture, ils s'unirent avec force et se lancèrent à la construction d'une tour si haute et qui selon la bible tenterait d'atteindre Dieu.

Ainsi Dieu l'a détruit !!

Portons un regard critique sur ce sujet :

Peu importe le niveau d'évolution de ce peuple, nous ne pouvons que nous imaginer trois scénarios :

- Soit il savait que peu importe la hauteur de leur tour elle n'atteindra jamais Dieu ;
- Soit il ne savait pas cette réalité, et cela nous le disons tout en nous inspirant des connaissances astronomiques, météorologiques et technologiques de notre siècle ;
- Soit ce peuple connaissait tous les défis liés à leur projet, mais leur connaissance était si évoluée au point d'en faire face !!

Comment le savoir ???

Etant donné que nous nous inspirons de la Sainte Bible comme référence, les réponses à nos questionnements viendraient de là.

Vous êtes-vous déjà demandé pour quelle raison Dieu a détruit cette tour ?

Ceci nous relève que cette tour était bien dressée selon une géométrie et architecture particulière qui pourrait leur permettre d'atteindre leur objectif.

Le vrai sens à leur quête se résume par ce mot : « **Briser le frontière entre les spirituels et les terrestres** ». L'homme voulait résoudre le mystère du monde spirituel, séjourner dans l'au-delà et rentrer sur terre comme-si c'était un simple voyage !

Dieu n'a pas permis que cela soit possible, Omniscient, Il connait les conséquences qui en découlent de cette façon de faire.

Dieu dans sa sagesse infinie détruisa cette tour non par la foudre mais en brisant les liens entre les gens qui le construisaient ; diversification des langues pour qu'ils ne puissent plus communiquer entre eux ainsi entrainant la défaillance de leur gigantesque projet !

Les gens se regroupèrent selon les affinités linguistiques et se dispersant aux quatre coins de la terre, apportant avec eux l'idéologie de ce projet.

Les répercussions de l'idéologie babélienne

L'idéologie babélienne s'articulait sur la rupture de frontière entre le monde spirituel et le monde matériel.

Sachant en quoi se focalise cette idéologie, la question qui nous vient en esprit est de savoir :

- Est-ce que cette idéologie a-t-elle disparu avec la destruction de la tour de Babel ?

Partant de toutes ces réalités, il est bien réel de confirmer que cette tour avait deux dimensions ; l'une matérielle qui représentait la tour physique et une autre spirituelle qui prenait en considération l'idéologie et les pratiques.

Aperçu d'analyse :

Si la tour avait une seule dimension matérielle, sa destruction physique aurait suffi !!

Il suffirait de démolir la tour pour mettre fin à ce projet.

Mais il se peut qu'en plus de la dimension physique, il y avait existence d'une dimension spirituelle qui à son tour a été détruite par une confusion des langues entre les exécuteurs afin que chacun conserve sa connaissance sans pour autant la transmettre à l'autre.

Donc en parlant de la destruction de la tour de Babel nous devons nous imaginer une destruction à double dimensions matérielle et spirituelle.

L'union de peuple a engendré cette idée de bâtir. Il suffit de les confondre pour tuer cette idée. Et Dieu dans sa sagesse infini voyait que cela ne concordait pas avec le but de la création.

Prenons dans le cas simple, une idée ne provient pas de la masse mais d'un individu et transmise dans la masse. Il ressort de la masse les pions clés qui embellissent, améliorent et complètent l'idée, voir même au point d'étonner son concepteur !

Pour dire que, bien qu'ils bâtirent ensemble cette tour, les meneurs ne manquent jamais. Les gens sur lesquels repose le projet tout entier. Ces meneurs doivent se comprendre et vibrer à la même longueur d'onde. Dans le cas contraire le projet n'aboutit jamais.

De ce fait, confondre les langues était une stratégie suffisante pour détruire le projet.

Mais nous attirons l'attention sur le fait que, bien que les langues soient confondues chacun des pions clés restes avec cette idéologie en tête.

Imaginons un puzzle chaque pièce est nécessaire pour compléter l'image d'ensemble mais une pièce en soit est insuffisante et ne peut refléter à elle seule complète l'image d'ensemble.

C'est ce que nous essayons de partager avec vous. Lors de la destruction de la tour de Babel, chaque peuple est parti de son côté avec une partie de cette idéologie chaque peuple selon sa spécificité mais étant les ramifications d'une idéologie commune, on y retrouve les trains d'affinité peu importe la distance géographique séparant chaque peuple de l'autre.

LE NEOBABELIEN

L'aspiration demeure toujours dans le cœur des hommes, les reliques de ce projet dispersés aux quatre coins de la terre, amènent les chercheurs à se lancer dans leurs quêtes. C'est l'origine même de naissance des nombreuses sciences occultes. La découverte de mystique babélienne qui avait le seul et l'unique but de dresser le pot entre le spirituel et le matériel.

Ces sciences occultes, communément appelées sciences de l'Esprit, vibrent dans l'idéologie Babélienne, ce qui nous amène à les qualifier du Néobabélien. Se qualifiant les unes différentes des autres, possèdent toujours des trains infimes d'affinité primitive.

Les sciences occultes ne sont pas toutes égales elle se différent par le potentiel de leur connaissance. D'où la suprématie des unes par rapport aux autres.

Passons à revue certaines pratiques couramment pratiquées par plusieurs peuples. Ces dernières amènent l'esprit à tenter une expérience hors corps tout en étant encore sur terre.

La réalité la plus étonnante est que certaines de ces pratiques sont pratiquées par différents peuples ayant différentes cultures et langues.

Nous ne pouvons parler des toutes ces pratiques dans cet ouvrage par contre nous prendrons à titre d'exemple une seule et étudié ses origines au sein des divers peuples.

Prenons le cas de « Voyage Astral ».

Le voyage astral :

Avant de vous parler du voyage astral, mettons à jours nos connaissances sur le corps astral :

Dans le cadre de l'occultisme, on appelle corps astral l'un des sept corps dont les êtres humains sont constitués, superposé notamment au corps physique et au corps éthérique (voir Septénaire). Son nom vient de ce qu'il se compose de forces et de substances empruntées au plan astral. Selon certaines traditions ésotériques, il dispose d'organes suprasensibles nommés différemment, comme les fleurs de lotus ou chakras. Parmi les êtres vivant sur Terre, seuls les humains et les animaux en possèdent un. Uniquement perceptible grâce à la vision clairvoyante ou troisième œil, il est à l'intérieur des êtres vivants (à ne pas confondre avec le corps éthérique qui est à l'extérieur et animé d'une sorte d'aura parcourue de courants colorés et lumineux reflètant l'état psychique).

Origine du voyage astral :

Dans l'Égypte ancienne, plusieurs égyptologues rapprochent l'âme ("ba") des anciens Égyptiens du corps astral des Occidentaux. Selon Christian Jacq, « l'initié égyptien prend conscience des neuf éléments essentiels de l'être : le corps [djet], image matérielle du grand corps céleste ; le ka, dynamisme créateur ; [l'âme], ba, possibilité d'incarner le divin sur cette terre ; l'Ombre [shut], reflet de la vérité ; l' akh, lumière de l'esprit ; le Cœur [ab], siège de la conscience ; le sekhem, puissance de réalisation ; le Nom [rèn], vérité ultime de toute création ; le sakh, corps spiritualisé. (...) »[2] « Le ba a une totale liberté de mouvement et de déplacement ; il chemine entre ciel et terre, se sépare du corps momifié mais revient périodiquement vers lui, pour lui apporter la lumière qui relie tous les êtres. Le ba, au-delà de la mort, exerce toutes les fonctions : manger, boire, se rafraîchir sous un arbre, copuler, effectuer tous les types de déplacement. »[3] Selon Valéry Sanfo, « nous pouvons considérer le ka comme correspondant au corps doublé éthéré, le ba au corps astral, le chu [sahu] au corps mental supérieur ou corps causal. »[4]

Origine dans l'hindouisme : les corps subtils. Le corps astral de l'homme serait relié, selon la terminologie théosophiste au linga-sharîra (ou sûkshma-sharîra). L'expression linga-sharîra désigne, en fait, de façon plus générale, le « corps subtil ». Elle est issue des doctrines hindoues, en particulier du Védânta de Shankara (788-820), on la retrouve plus tôt dans les Sâmkhya-Kârikâ

---

[2] Christian Jacq, La sagesse égyptienne (1981), Pocket, 1997, p. 141.

[3] Christian Jacq, apud Dictionnaire critique de l'ésotérisme, PUF, 1998, p. 197.

[4] Valéry Sanfo, Les corps subtils, trad., Paris, De Vecchi, 2008, p. 106.

au IIème S[5]. La notion de « corps astral » en Occident correspondrait plutôt au kâma-sharîra, « corps de désir », au manomaya-kosha, « enveloppe de pensée », mental inférieur (manas). Ce « corps » est donc caractérisé principalement par le mental dit inférieur (sensations, émotions) et par le désir (souhaits, envies, libido...), mais il concerne aussi les rêves, les défunts, le **dédoublement**...

« Différent de ce soi qui consiste en l'essence de l'énergie vitale [le prânamaya-kosha, l'enveloppe vitale, le corps éthérique], bien que situé à l'intérieur de l'enveloppe de celui-ci, se trouve un autre soi intérieur qui, lui, est fait de conscience, de matière mentale (manas). Oui, c'est par lui qu'est remplie l'enveloppe d'énergie vitale. Et ce Soi possède également la forme humaine, calquée sur celle de l'enveloppe d'énergie vitale. Les mantras [formules liturgiques] du Yajur-Véda sont bel et bien sa tête ; ceux du Rig-Véda sont son flanc droit ; ceux du Sâma-Véda, son flanc gauche ;

---

[5] Bernard Bouanchaud, Les Sâmkhya-Kârikâ d'Isvarakrsna, Agamat, 1998.

la portion des Véda portant le nom de Brâhmana est son tronc ; lesmantra “vus” par Atharvangiras, le Rishi [prophète des Véda], sont ses membres inférieurs et son support. »[6].

Origine chaldéenne (néo-babylonienne) : la descente et la remontée astrale de l'âme. D'une part, c’est une vieille croyance orientale que les âmes, conçues comme matérielles, portent des vêtements[7].

D'autre part, les Babyloniens (selon W. Bousset), ou plutôt vers 600 av. J.-C. les néo-Babyloniens (selon Franz Cumont), défendent l'idée d'une remontée ou d’une descente planétaire. Les âmes, lors de l'initiation ou à la mort, traversent les sphères célestes et, à chaque passage, elles revêtent, comme une tunique, la vertu de cette sphère ou bien elles perdent ce vêtement. L'ordre babylonien des planètes est : « Jupiter, Vénus, Mercure, Saturne, Mars », et Jupiter et Vénus sont la paire

[6] Taittirîya-Upanishad, « Les 108 Upanishads » [archive] (VIIe s. av. J.-C.)

[7] Franz Cumont, Les religions orientales dans le paganisme romain (1906), p. 282 ; Les Mystères de Mithra (1894-1900), t. I, p. 15.

bénéfique, Mercure est ambigu, Saturne et Mars sont les astres terribles (en Grèce : Saturne, Jupiter, Mars, Vénus et Mercure)[8]. On retrouvera cette théorie de la descente de l'âme chez les Mages de Perse, dans les Oracles chaldaïques (vers 170), dans le premier traité du Corpus Hermeticum, chez les gnostiques (Livre du Grand Traité initiatique, ou Les deux livres de Ieou), chez le néoplatonicien Porphyre de Tyr[9], dans le judaïsme (Ascension d'Isaïe, II Énoch), dans le Coran (II, 29), dans les Mystères de Mithra[10].

Prénotion chez Platon. « La théorie du corps pneumatique (ou astral) remonte à Platon, soit à des textes où il n'y a rien sur le corps astral, comme Phédon 113 d ; Phèdre, 247 b ; Timée, 41 e, 44 e, 69 c ; soit plutôt à Lois, X, 898 e sq. »[11] Platon, Lois, X, 898 e sq. : « Le Soleil, la Lune, les autres astres, l'âme mène la

[8] Astrologie en Mésopotamie, Les dossiers d'archéologie, n° 191, mars 1994, p. 47, 50, 70.

[9] Porphyre, Sentences, 29, édi. et trad. par Luc Brisson, Vrin, 2005, t. I p. 329 ; Fragments, 271 F, édi. par Smith, Teubner, 1933, p. 67-70.

[10] Pierre A. Riffard, Ésotérismes d'ailleurs, Robert Laffont, coll. "Bouquins", 1997, p. 382-383.

[11] Édouard des Places, in Jamblique Les Mystères d'Égypte, Les Belles Lettres, 1966, p. 26.

ronde de toutes choses… L'âme qui mène le Soleil… Tout est plein de dieux… » Dans le Timée, Platon déclare qu'un dieu loge chaque âme dans chacune des étoiles fixes (41 e), pas dans les planètes ; les astres sont dieux dans la mesure où ils sont mus d'un mouvement régulier éternel (immortel = divin) et que ce mouvement implique la présence en eux d'une âme raisonnable immortelle (Phèdre, 246 c).

Rationalisation chez Aristote. Dans son traité De l'âme, (vers 330 av. J.-C.), Aristote distingue quatre grandes fonctions ou facultés (dynameis) ou formes de l'âme (psyché), qui marquent les étapes d'un développement de l'âme. 1) La faculté nutritive, ou « âme nutritive », est la capacité d'assimiler les éléments extérieurs. Elle appartient à tous les vivants, plantes et animaux, qui croissent ; elle est groupée avec la faculté reproductrice, fonction de procréation. 2) La faculté sensitive apparaît chez les seuls animaux, avec les sens (du plus bas au plus haut : le toucher, le goût, l'odorat, l'ouïe, la vue), la perception du plaisir et de la douleur, le désir, puis -

pour l'homme - l'imagination et le bon sens (l'homme sent qu'il sent et discrimine les diverses sensations). 3) la faculté motrice, ou appétitive, fait que les animaux les plus parfaits peuvent se mouvoir pour satisfaire leurs besoins. 4) La faculté pensante, la raison, l'intellect (noûs), n'appartient qu'à des êtres « comme l'homme et tout être de cette sorte ou supérieur, s'il en existe » (De l'âme, II, 3, 414 b 18). - L'âme sensitive et l'âme appétitive, souvent groupées en âme faite dc sensations, de désirs et mouvements (De l'âme, III, 10, 433 b 10-11), ressemblent assez au corps astral.

Selon les traités I (Poimandrès) et XII du Corpus Hermeticum (100-300), lors de sa naissance chaque âme revêt le vice de la planète qu'elle traverse, et en sens inverse, à la mort, chaque âme doit, pour son salut, remonter, acquérir la vertu de chaque planète. L'âme, qui n'était qu'intellect (noûs) se charge des propriétés de chaque planète et, dans la région infralunaire, elle s'enveloppe de souffle (pneûma), de sorte qu'elle parvient dans un corps physique. L'ordre suivi est l'ordre chaldéen : Lune (croissance), Mercure (malice), Vénus (désir), Soleil (commandement), Mars (témérité), Jupiter (richesse), Saturne (mensonge)[12]. L'âme astrale s'appelle véhicule (ὄχημα), tunique (χιτών), enveloppement, vêtement (ἔνδυμα).

Développement chez les néoplatoniciens. Dans les Oracles chaldaïques (vers 170), influencés par le moyen-platonisme, on retrouve la théorie imaginée en Babylonie selon laquelle, dans sa descente du ciel vers la terre, l'âme prend une part de l'éther, du Soleil, de la Lune et de tout ce qui flotte avec l'air, c'est-à-dire des souffles, esprits (pneúmata)[13]. Le néoplatonicien Plotin y fait allusion (Ennéades, IV, 4, 32 ; II, 2, 2). Le philosophe Jamblique (Les Mystères d'Égypte, IV, 13) appelle « souffle » (pneûma, πνεῦμα), véhicule (ochêma, ὄχημα) de l'âme, cet esprit quand il descend du monde intelligible dans le monde sensible. Proclos

---

[12] Corpus Hermeticum, traité I : Poimandrès, § 25, trad. du grec par André-Jean Festugière, Les Belles Lettres, 1945-1954, t. I, p. 15-16 ; traité X.

[13] André-Jean Festugière, Études de philosophie grecque, Vrin, p. 480.

en traite dans ses Éléments de théologie[14]. Il admet trois constituants dans l'être humain : le corps, le véhicule, l'âme. Synésius a aussi son concept de corps astral[15].

Marsile Ficin le décrit comme « le médian entre le corps et l'âme », de la nature de l'éther[16]. Le « véhicule de l'âme » (vehiculum animae) est un petit corps très délié et très lumineux, mais pas astral[17]. Il est sphérique[18].

Origine chez Paracelse en 1537. L'expression « corps astral » remonte à Paracelse, qui abuse des synonymes (sidéral, céleste, spirituel, etc.) et des ambiguïtés (astral = invisible, énergique). Paracelse admet, au plus simple, une triade : corps élémentaire, corps astral, esprit. Paracelse en parle de façon irrégulière dans son grand livre de philosophie, La grande astronomie, ou la

---

[14] Proclos, Elements of Theology, édi. par Eric Robertson Dodds, Oxford, p. 313 : "The Astral Body in Neoplatonism". Voir Proclos, Commentaire du Timée, Vrin, t. III p. 237, t. II p. 164. Marinus, Vie de Proclus, Les Belles Lettres, p. 68.

[15] R. C. Kissling, "The όχημα-πνεῦμα) of the neoplatonicians and the 'De Insomniis' of Synesius of Cyrinth", American Journal of Philology, XLIII, 1922.

[16] Marsile Ficin, Les trois livres de la vie (1489), III, 21 : Opera omnia, p. 563. Voir D.-P. Walker, La magie spirituelle et angélique. De Ficin à Campanella (1958), Dervy, 1988.

[17] Marsile Ficin, Théologie platonicienne, VII, 6 : Opera omnia, p. 177.

[18] Marsile Ficin, Théologie platonicienne, XVIII, 4 : Opera omnia, p. 404.

philosophie des vrais sages, Philosophia Sagax. Clé de tous les mystères du grand et du petit monde[19]. « L'homme a deux corps : l'un qui lui vient des Éléments, et l'autre qui est issu de la nature sidérale. Lorsque l'homme meurt, le corps élémentaire, avec son esprit, va à la terre, et le corps astral est consumé au firmament », (p. 88). Le corps astral n'est ni matériel comme le corps physique ni immortel comme l'esprit, c'est une puissance invisible, mortelle, une force qui a son origine dans la « lumière naturelle » des choses, l'Astrum (Astre), le Gestirn (Constellation), un "Éther", pas forcément astronomique ou astrologique, un feu subtil. Il adhère au moi, il est fort de pouvoirs naturels mais extraordinaires (agir à distance, opérer magiquement par des images, guérir spirituellement, etc.). « Le corps astral est le moteur du corps élémentaire pour le temps de notre vie terrestre », (p. 179). « Pendant notre sommeil, le corps sidéral opère », (p. 222). Paracelse

[19] Paracelse, Astronomia magna oder die ganze Philosophia sagax der grossen und kleinen Welt, 1537, 1re éd. 1571, trad. (incomplète) de l'all. P. Deghaye, Dervy, 2000.

emploie le mot evestrum pour désigner le corps astral quand il peut se séparer, devenir un double.

Les spirites (en particulier Allan Kardec, dès 1857, dans Le Livre des Esprits) ont beaucoup fait pour réintroduire la notion de corps astral, surtout à propos des manifestations de défunts. « L'homme a ainsi deux natures : par son corps, il participe de la nature des animaux dont il a les instincts ; par son âme il participe de la nature des Esprits. Le lien ou périsprit qui unit le corps et l'Esprit est une sorte d'enveloppe semi-matérielle. La mort est la destruction de l'enveloppe la plus grossière ; l'Esprit conserve la seconde, qui constitue pour lui un corps éthéré, invisible pour nous dans l'état normal, mais qu'il peut rendre accidentellement visible et même tangible, comme cela a lieu dans le phénomène des apparitions. »

Développement chez les occultistes (Éliphas Lévi, Papus, etc.) et les spirites. L'expression « corps astral » est utilisée par l'occultiste Stanislas de Guaita dans ses ouvrages. Notamment dans Le Serpent de la Genèse (1891-1897), où il explique que le corps astral est une portion individualisée de la « Lumière astrale », concept provenant également de Paracelse. Papus n'admet qu'une tri-unité :

« Cette théorie admet entre le corps physique et l'anatomie et l'esprit immortel et la psychologie un principe intermédiaire chargé d'assurer les relations des deux extrêmes et qui relève du domaine de la physiologie (...) Les anciens hermétistes nommaient ce principe corps formateur ou corps astral et c'est à lui qu'ils attribuaient cette conservation et cet entretien des formes de l'organisme. Or, je puis dire que l'étude de ce corps astral, que je poursuis depuis bientôt dix ans, m'a permis d'établir une explication très scientifique de ces étranges phénomènes hypnotiques et spirites qui déconcertent tant en ce moment certains professeurs de la Faculté de Paris. » (Notes d'autobiographie spirituelle, in L'Initiation, décembre 1895).

Syncrétisme chez les théosophes. La Théosophie d'Helena Blavatsky opère un syncrétisme de diverses traditions mystiques et pose un Septénaire humain, dont le corps astral. Voici ce qu'on lit aux articles « Corps astral » et « Linga Sharira » du Glossaire théosophique d'Helena Blavatsky : « Corps astral, ou 'Double' Astral. La contrepartie éthérée ou ombre de l'homme ou de l'animal : le Linga Sharîra, le Doppelgänger. Le lecteur ne doit pas le confondre avec l'âme astrale, un autre nom pour le Manas inférieur, encore appelé kâma-manas, reflet de l'ego supérieur (...) 'Linga Sharira' (sanskrit). Le corps, c'est-à-dire le symbole aérien du corps. Ce terme désigne le Döppelganger ou 'corps astral' de l'homme ou de l'animal. C'est l' 'eidolon' des Grecs, le corps vital et 'prototypal' : le reflet des hommes de chair. Il est né avant le corps et meurt ou se dissipe à la disparition du dernier atome du corps. »[20] En matière de syncrétisme, on ne peut faire mieux. Selon le théosophe

[20] Helena Blavatsky, Glossaire théosophique (1892), Adyar, 1981, p. 105, 217.

Arthur Edward Powell[21], le corps astral interpénètre le corps physique, tout en s'étendant au-delà des limites du corps dans toutes les directions. La portion du corps astral qui dépasse le corps est généralement appelé « aura astrale ». Cette aura forme une sorte de nuage ovoïde multicolore plus ou moins lumineux. La théorie du septénaire des corps selon le théosophisme a été diffusée pour la première fois en 1881 par Allan Octavian Hume : corps physique, corps vital, corps astral, corps de désir, manas inférieur, manas supérieur, esprit[22]. D'autres schémas ont succédé[23].

Pour l'anthroposophe Rudolf Steiner, le corps astral est perçu par la conscience clairvoyante comme un corps de lumière psycho-spirituelle formant une aura autour du corps matériel. Le corps astral n'est appelé corps que parce qu'il imprègne le corps physique, mais essentiellement il n'a pas de forme car il n'est pas spatial. Le corps astral est le troisième des sept corps de

---

[21] Arthur E. Powell, Le corps astral et autres phénomènes astraux, Éditions Adyar, 1928.

[22] (en) A.O. Hume, « Fragments of Occult Truth »

[23] « Théosophie »

l'entité humaine. Il agit sur les deux premiers qu'il imprègne, à savoir les corps physique et éthérique. Il est parfois aussi nommé corps psychique, corps animique, corps des désirs, corps de sensation, corps de sensibilité, corps de conscience, etc. Il est appelé astral car il intériorise en l'homme les forces psycho-spirituelles des astres ; corps animique, car seuls les êtres vivants animés ont un corps astral, donc les humains et les animaux ; corps des désirs car il est le porteur des affects, instincts, désirs, sentiments, émotions, passions, etc. ; corps de sensibilité, de sensation, ou de conscience, car sa pénétration dans le corps confère à ce dernier la sensibilité, la capacité de ressentir et la conscience de son corps et de son environnement. Dès lors le corps astral permet à l'être de ressentir le plaisir et la souffrance, la joie et la peine, l'amour et la haine, etc. En somme le corps astral rend possible l'existence d'une vie intérieure. De par sa relation aux corps physique et éthérique le corps astral rend la conscience possible. Durant le sommeil, le corps astral se retire en quelque sorte du complexe corporel physico-éthérique, et plus particulièrement du système neuro-sensoriel. Le corps astral doit aussi son nom à ce que durant le sommeil, quand il est hors du corps, il se régénère au contact de la lumière astrale et spirituelle émanant de l'harmonie des sphères planétaires. Durant la veille, le corps astral est plus actif dans le système neuro-sensoriel et permet une vie intérieure consciente. Alors que le corps éthérique vitalise et régénère le corps physique, le corps astral a tendance à le déstructurer, à le détruire. Le corps éthérique répare constamment ce que le corps astral détruit, mais seulement dans une certaine mesure. Quand le corps éthérique est trop affaibli le sommeil devient nécessaire. Le corps astral se retire, ce qui permet au corps éthérique de se régénérer et de pouvoir agir sans entrave pour réparer et revivifier le corps physique. Toute activité du corps astral qui n'est pas compensée par l'action du corps éthérique engendre des maladies. La surexcitation, le surmenage, l'excès de sollicitation du système neuro-sensoriel, les émotions fortes, le stress, l'angoisse, font que le corps astral avec ses processus de déconstruction intervient trop fortement sur le corps physique et le rend malade. L'homme ou l'animal privé de sommeil s'étiole car le corps éthérique ne répare plus le corps physique. Les destructions du corps astral ne sont plus compensées par les actions vitalisantes et régénératrices du corps éthérique. Dormir nous donne la santé. Rester éveillé nous rend malade. Toutefois l'alternance veille sommeil est indispensable, car durant la vie de veille le corps éthérique s'épuise également et a aussi besoin d'être régénéré durant le sommeil. Le corps astral de l'être humain est structuré différemment de celui de l'animal car il est pénétré par le Moi. Les végétaux n'ont pas de corps astral qui leur est propre, l'astral n'y est pas intériorisé[24][25].

Les témoignages sur le « voyage astral » ou « voyage hors du corps » (Robert Monroe, 1971 ; Jeanne Guesné,

[24] Rudolf Steiner, La science de l'occulte (1910), chap. II : L'être humain

[25] Otto Julius Hartmann, Approche de l'anthroposophie, 1950, Éditions Triades, Paris, 2000.

1978)[26] redonnent à la notion de corps astral une certaine réalité. La notion d'expérience hors-du-corps (Out-of-body experience, OBE) a eu un franc succès.

L'intérêt pour le corps astral s'est aussi renouvelé après le livre de Raymond Moody sur la vie après la vie (1974). Il traite des expériences de mort imminente (Near Death Experience) et donc de la sensation, une fois en mort clinique, de flotter dans un espace obscur avec un corps léger ou de rencontrer des parents ou amis défunts dotés d'un corps spirituel.

Le voyage astral :

Nous espérons que vous comprenez ce que c'est le corps astral. Alors vous pouvez comprendre la notion du voyage astral.

Est une pratique conduisant à une séparation du corps physique et du corps astral, une fois hors du corps ce

[26] Robert Monroe, Le voyage hors du corps (1971), trad., Monaco, Editions du Rocher, 1989. Jeanne Guesné, Le grand passage. Les leçons de mes voyages hors du corps, 1978.

dernier vie une expérience toute particulière dans un autre monde.

Cette pratique comme tant d'autres, pratiquées dans différents sectes ou sciences occultes permet l'âme humaine de séjourner dans l'au-delà en étant encore sur terre.

Or plus haut nous avons expliqué que le but de l'idéologie Babélienne était de dresser un pont entre l'en-deçà et l'au-delà.

Ces pratiques fréquentes actuellement nous poussent à les raccorder aux temps Babélien et son but qui ne s'éloigne pas du but de ce dernier.

Quel sort réserver à l'humanité ?

Nous comprenons par-là que :

- Ces sciences ne peuvent rester que fragmentaires, étant donné leur origine et l'idéologie de base. La puissance du néobabélien ne peut être atteint que si les peuples se rassemblaient encore et mettent leurs connaissance ensemble pour faire renaitre l'idéologie Babelienne dans son intégralité. Ce qui implique qu'une science occulte seule ne peut atteindre la perfection Babélienne ;
- Les pratiques vibrant dans l'idéologie babélienne, conduiront l'humanité à sa destruction ;
- L'idéologie babélienne n'est pas une évolution mais blasphème, car Dieu ne détruit que ce qui est impur ;

Pour le salut de l'humanité

Cherchons à connaitre la volonté de Dieu en nous inspirant de la Bible dans les dix commandements. Vivons selon sa volonté rien que sa volonté pour paraitre agréable à notre créateur. Toutes pratiques visant la performance de nos facultés subtiles non recommandées par la Bible ne proviennent que du malin.

Il est évident qu'à force de chercher plus l'évolution nous nous perdons dans les abimes ténébreux.

Pour éviter toute destruction évitons l'idéologie Babélienne sous toutes ses formes et ramification, ne vivre que selon la volonté de Dieu, en agissant ainsi la paix et la prospérité règnera sur la terre.

Table des matières

Printed by Books on Demand GmbH, Norderstedt / Germany